Tierisch was los!

Welches Tier gehört zu mir?

Texte von
Christa Pöppelmann

Sonderausgabe

Vorwort

Liebe Tierfreunde,

38 spannende Ratebilder warten auf euch. Erkennt ihr, zu wem die kleinen Tierkinder gehören?

Zu jedem Tier gibt es ein niedliches Ratebild. Wenn ihr herausgefunden habt, wer die Eltern des Tierbabys sind, könnt ihr einfach umblättern. Auf der nächsten Seite seht ihr, ob ihr recht hattet. Hier erwarten euch ein Steckbrief und viele Informationen zu Lebensweise und Kinderstube des Tieres.

Viel Spaß beim Raten und Entdecken!

Impressum

FSC MIX
Papier aus verantwortungsvollen Quellen
FSC® C108080

Baierbrunner Straße 27, 81379 München

Text: Christa Pöppelmann
Chefredaktion: Dr. Matthias Feldbaum
Redaktion: Susann Harring, Elena Bruns, Felicitas Szameit
Fachredaktion: Lars Wilker
Produktion: Ute Hausleiter
Abbildungen: siehe Bildnachweis S. 80
Titelabbildungen: www.fotolia.de: Silver
Gestaltung: ekh Werbeagentur GbR
Umschlaggestaltung: Hartmut Baier, PIXELCOLOR

ISBN 978-3-8174-9722-5
381749722/1

www.compactverlag.de

GEPARD

Länge:	1,1 bis 1,5 Meter (ohne Schwanz)
Gewicht:	30 bis 60 Kilogramm
Farbe:	gelbbraun mit schwarzen Flecken und weißem Bauch
Nahrung:	kleinere Huftiere, wie Gazellen
Lebensraum:	Afrika, Iran

Das schnellste Tier

Weißt du, dass Geparden die schnellsten Landtiere auf der Welt sind? Sie können über 100 Stundenkilometer schnell rennen.

Geparden nutzen diese Geschwindigkeit, um Gazellen zu jagen. Allerdings halten sie nicht lange durch. Deshalb entkommen die Gazellen oft, obwohl sie nicht so schnell rennen können wie Geparden.

Gut getarnt

Ganz junge Geparden können noch nicht jagen. Sie warten im Versteck, bis ihre Mutter mit der Beute zurückkommt.

Damit ihnen kein größeres Tier gefährlich wird, darf man sie nicht sehen. Deshalb haben junge Geparden lange, helle Haare auf dem Rücken, die aussehen wie verdorrtes Gras.

Kaiserpinguin

Größe: 1 bis 1,3 Meter
Gewicht: 22 bis 40 Kilogramm
Farbe: dunkelgrauer Rücken, weißer Bauch, leuchtend gelbe Ohrflecken
Nahrung: Fische, Tintenfische, Krebschen
Lebensraum: Antarktis

Die Männchen brüten

Kaiserpinguine leben am Rand der Antarktis. Um ihre Jungen zu bekommen, wandern sie 100 und mehr Kilometer landeinwärts, um geeignete Plätze zu finden.

Wenn das Weibchen das Ei gelegt hat, schiebt das Männchen es in eine Hautfalte zwischen seinen Füßen und dem Bauch. Die Männchen stehen nun ungefähr zwei Monate lang im Eis und wärmen das Ei. Währenddessen wandern die Weibchen zurück zur Küste, um Fische zu fangen.

Schon mal gegessener Fisch

Wenn die kleinen Pinguine geschlüpft sind, wechseln sich ihre Eltern ab. Einer wärmt das Junge, der andere geht jagen.

Bei der Jagd fressen die Pinguineltern den Fisch, spucken ihn für ihre Jungen aber wieder aus. Das klingt eklig, oder?

SEEHUND

Länge:	1,4 bis 1,8 Meter
Gewicht:	100 bis 140 Kilogramm
Farbe:	grau mit schwarzen Flecken
Nahrung:	Fische, Krebse, Schnecken, Muscheln
Lebensraum:	Küstengewässer von Nordamerika, Nordeuropa und Nordasien

Leben im Meer

Seehunde leben meistens im Meer. Sie können mehrere Tage lang schwimmen, ohne an Land zu gehen, und tief tauchen. Aber wie Menschen können sie nicht dauernd unter Wasser bleiben, sondern müssen regelmäßig Luft holen. Sie haben auch feste Plätze am Ufer, wo sie immer wieder hinkommen, um sich auszuruhen und zu sonnen.

Ohne Mutter

Auch die kleinen Seehunde werden an Land geboren. Sie können schon vom ersten Tag an schwimmen. Aber mit ihrer Mutter auf Jagd nach Fischen zu gehen, wäre viel zu gefährlich. Deshalb bleiben sie an Land zurück.

Schon im Alter von fünf Wochen sind Seehundkinder so selbstständig, dass sie ihre Mutter nicht mehr brauchen.

Hausschwein

Länge:	1 bis 2 Meter
Gewicht:	50 bis 300 Kilogramm
Farbe:	rosa, weiß, schwarz, manchmal gefleckt
Nahrung:	Allesfresser
Lebensraum:	weltweit

Vom Menschen gezüchtet

Als Hausschweine bezeichnet man alle Schweinearten, die vom Menschen gezüchtet worden sind.

Die meisten Hausschweine haben eine helle, rosa Haut. Aber es gibt auch schwarze, weiße oder gefleckte Arten.

Junge Hausschweine nennt man Ferkel. Ein Mutterschwein kann zehn oder mehr Ferkel auf einmal bekommen.

Suhlen im Dreck

Schweine sind sehr neugierige Tiere. Vor allem kleine Ferkel tollen gern miteinander herum.

Schweine mögen es auch, sich in Wasserpfützen oder im Schlamm zu suhlen. Damit schützen sie ihre Haut vor Sonne oder Ungeziefer. Allerdings werden sie dabei natürlich auch sehr dreckig.

Schwalbenschwanz

Länge Raupe:	etwa 4,5 bis 5 Zentimeter
Flügelspannweite:	5 bis 9 Zentimeter
Gewicht:	wenige Gramm
Farbe Raupe:	grün mit schwarzen Streifen und orangen Punkten
Farbe Schmetterling:	hellgelb mit schwarzen Mustern, auf den Hinterflügeln blaue Punkte und je 1 roter Punkt
Nahrung:	Wiesenpflanzen und Kräuter, wie Dill, Fenchel, Wilde Möhre
Lebensraum:	Europa, Nordasien, Nordamerika, Nordafrika

Von der Raupe zum Schmetterling

Wunderst du dich, dass aus einer Raupe ein Schmetterling wird? Das ist immer so. Es gibt keine Schmetterlingskinder. Alle Schmetterlinge sind am Anfang ihres Lebens dicke Raupen.

Nach einigen Wochen bildet sich eine Hülle, die die Raupe vollständig einhüllt. Man nennt sie Puppe. In dieser Puppe wird die Raupe zum Schmetterling.

Dieser Schmetterling ist gerade aus seiner Puppe geschlüpft und entfaltet sich.

Alles beginnt von vorn

Wenn der Schmetterling sich fertig verwandelt hat, schlüpft er aus seiner Puppenhülle. Er kann nun herumfliegen und einen Partner suchen. Wenn er ihn gefunden hat, legt das Schmetterlingsweibchen Eier, aus denen neue Raupen schlüpfen, die eines Tages wieder Schmetterlinge werden.

ROTFUCHS

Länge:	60 bis 75 Zentimeter (ohne Schwanz)
Gewicht:	5 bis 7,5 Kilogramm
Farbe:	rotbrauner Rücken, helle Unterseite
Nahrung:	Kleintiere, Obst, Lebensmittelreste aus Mülltonnen
Lebensraum:	Europa, Nordamerika, Asien, Nordafrika, Australien

Von der Mutter versorgt

Kleine Füchse werden in einem unterirdischen Bau geboren. Erst nach etwa zwei Wochen öffnen sie die Augen und nach einem Monat verlassen sie das erste Mal den Bau.

Zunächst bleibt die Fuchsmutter immer bei ihren Jungen und säugt sie mit Milch. Damit sie selbst nicht hungern muss, bringt ihr der Fuchsvater etwas zu fressen.

Revierkämpfe

Kleine Füchse beginnen sehr schnell, miteinander zu raufen. Später kämpfen sie dann um Reviere.

Ein Revier ist ein Gebiet, in dem nur eine Fuchsfamilie lebt. Immer mehr Füchse haben ihr Revier auch in der Stadt, wo sie in den Mülleimern genügend zu fressen finden.

Beutelteufel

Größe:	57 bis 65 Zentimeter (ohne Schwanz)
Gewicht:	6 bis 8 Kilogramm
Farbe:	schwarz oder dunkelbraun, weißer Kehlstreifen
Nahrung:	Wombats, Vögel, Insekten, Frösche, Mäuse, Ratten, selten auch Schafe, gern Aas
Lebensraum:	Tasmanien

Kein echter Teufel

Den Namen Teufel erhielt dieses niedliche Tier, weil es so schwarz ist und fürchterlich kreischt, wenn es frisst. Außerdem färben sich seine Ohren rot und es gibt einen widerlichen, stinktierähnlichen Gestank von sich, wenn Gefahr droht. Da hält man sich lieber fern. Weil der Beutelteufel nur noch auf Tasmanien vorkommt, wird er auch oft Tasmanischer Teufel genannt.

Schwerer Start

Ein Weibchen bringt etwa 50 Junge zur Welt, doch es überleben nur die vier, die eine der vier Zitzen abbekommen. Diese werden dann vier Monate lang von der Mutter in ihrem Beutel herumgetragen und versorgt. Danach klettern die kleinen Teufel auf deren Rücken oder hängen sich an deren Bauch. Nach sechs Monaten ist dann Schluss mit lustig – dann müssen sie auf eigenen Beinen stehen.

CHAMÄLEON

Größe: 3 bis 70 Zentimeter
Gewicht: einige Gramm bis 2 Kilogramm
Farbe: ganz verschieden
Nahrung: Insekten, Spinnentiere, kleine Vögel
Lebensraum: Afrika, Südeuropa, Arabische Halbinsel, Indien und Sri Lanka

Aus dem Ei gepellt

Chamäleons legen Eier, aus denen dann die winzigen Jungtiere schlüpfen. Nur einige wenige Arten bringen lebende Jungtiere zur Welt. Haben sie einmal das Licht der Welt erblickt, wachsen sie aber fix. Einige Chamäleons erreichen nur Längen von drei Zentimetern. Andere, zum Beispiel das Riesenchamäleon, werden bis zu 70 Zentimeter groß. Die buntesten Chamäleons sind übrigens die Pantherchamäleons im Norden Madagaskars.

Scharfe Sinne

Neben der bunten Hautzeichnung haben Chamäleons auch tolle Sinne: Ihre Augen sehen bis auf einen Kilometer Entfernung extrem scharf. Außerdem kann jedes Auge in eine andere Richtung schauen. Ihre Zunge ist anderthalbmal so lang wie sie selbst und kann in Sekundenschnelle herauskatapultiert werden, um ein Beutetier zu schnappen.

Reh

Länge:	90 Zentimeter bis 1,4 Meter
Gewicht:	12 bis 32 Kilogramm
Farbe:	braunrot im Sommer, graubraun bis dunkelbraun im Winter
Nahrung:	Gräser, Blätter, Farne, Beeren, Kräuter, zarte Spitzen von Ästen
Lebensraum:	Europa, Türkei, Texas (USA)

Nicht anfassen!

Kleine Rehe werden Rehkitze genannt. Sie kommen immer im Mai oder Juni zur Welt, wenn es schön warm ist.

Während ihre Mutter Nahrung sucht, liegen die kleinen Rehkitze versteckt im Gebüsch. Wenn du ein solches Rehbaby entdeckst, darfst du es auf keinen Fall anfassen. Denn dann kehrt die Rehmutter nicht zu ihrem Jungen zurück, weil sie Angst vor dem Menschengeruch hat.

Gefährliche Hunde

Erst wenn das kleine Reh etwa vier Wochen alt ist, darf es mit seiner Mutter herumlaufen.

Jetzt ist es schnell genug, um gefährlichen Tieren, wie Füchsen oder Hunden, zu entkommen. Nun beginnen die kleinen Rehe auch, Gras zu fressen.

Ente

Größe:	30 bis 65 Zentimeter
Gewicht:	700 Gramm bis 3,5 Kilogramm
Farbe:	Hausenten meist weiß oder gefleckt, Wildenten bunt gemustert
Nahrung:	Getreide, Samen, Früchte, Gras, Schnecken, Larven, kleine Wassertiere
Lebensraum:	weltweit

Gelb oder gestreift?

Wenn kleine Enten flauschig gelb sind, dann stammen sie von weißen Hausentenarten ab. Die Küken von Wildenten dagegen sind gelb-braun gemustert. Auf diese Weise können sie sich besser tarnen.

Manchmal kann man aber auch Entenfamilien sehen, bei denen manche Geschwister gelb und andere gemustert sind. Dann weißt du, dass diese kleinen Enten sowohl Wildenten als auch Hausenten als Eltern oder Großeltern haben.

Immer hinter der Mutter her

Die Entenmütter legen in gut geschützte Nester Eier. Nach dem Brüten schlüpfen aus den Eiern dann die kleinen Küken. Bereits nach sechs bis zwölf Stunden verlassen diese das Nest.

Hast du schon einmal eine Ente mit ihren Küken gesehen? Die kleinen Entchen laufen oder schwimmen meistens in einer langen Reihe hinter ihrer Mutter her.

Koala

Größe:	60 bis 85 Zentimeter
Gewicht:	6 bis 14 Kilogramm
Farbe:	silbrig-grau, manchmal auch bräunlich, weißer Bauch
Nahrung:	Blätter, Rinde und Früchte von bestimmten Eukalyptusarten
Lebensraum:	Australien

Geborgen im Beutel

Koalas sind Beuteltiere. Das heißt, dass die Jungen in einem Beutel am Bauch ihrer Mutter aufwachsen. In diesem Beutel sind Milchzitzen, von denen die Koalas trinken können.

Wenn Koalas geboren werden, sind sie nur etwa zwei Zentimeter groß. Trotzdem können sie schon ganz allein in den Beutel ihrer Mutter kriechen, wo sie dann etwa fünf Monate lang heranwachsen.

Lieblingsspeise Eukalyptus

Wenn die kleinen Koalas den Beutel ihrer Mutter verlassen haben, leben sie auf Eukalyptusbäumen. Weil Koalas nur Eukalyptus fressen, gibt es sie nur in Australien, wo diese Bäume wachsen.

Koalas sind sehr faul. Stell dir vor, sie schlafen bis zu 20 Stunden am Tag. Nur in der Nacht kommen sie für kurze Zeit auf den Boden und tollen herum.

WOLF

Länge:	80 Zentimeter bis 1,6 Meter (ohne Schwanz)
Gewicht:	20 bis 80 Kilogramm
Farbe:	grau-braun
Nahrung:	Wildschweine, Hirsche, Rehe, Schafe, Füchse, Kleintiere
Lebensraum:	Nordamerika, Osteuropa, Nordasien

Vorgekautes Essen

Wölfe kommen blind und hilflos zur Welt. Sie verbringen deshalb die ersten drei Wochen ihres Lebens geschützt in einer Höhle. Anfangs werden sie von der Mutter mit Milch gesäugt.

Später erhalten sie dann einen Fleischbrei. Dieses Fleisch haben ihr Vater oder ihre älteren Geschwister erbeutet und schon einmal vorgekaut.

Kein böser Wolf

Für Wölfe ist ihre Familie, das Rudel, sehr wichtig. Denn nur zusammen können sie so große, schnelle Tiere wie Hirsche oder Elche jagen.

Wölfe, die älter als zwei Jahre sind, verlassen ihre Familie und gründen eine eigene. Im Märchen ist der Wolf meist böse. In Wirklichkeit aber sind Wölfe sehr scheu und friedlich.

Marienkäfer

Länge Larve: 1,5 Millimeter bis 1,5 Zentimeter
Länge Käfer: 1 Millimeter bis 1,2 Zentimeter
Gewicht: wenige Gramm
Farbe Larve: gelb, braun oder grau mit hellen oder roten Flecken
Farbe Käfer: rot, gelb, orange oder braun bis schwarz mit schwarzen, roten oder braunen Punkten
Nahrung: Blattläuse, Schildläuse, Milben, Wanzen, Pollen, Früchte
Lebensraum: weltweit

Von der Larve zum Käfer

Diese komische Raupe soll ein Marienkäfer-Baby sein? Es stimmt! Wenn Käfer aus dem Ei schlüpfen, sehen sie raupenähnlich aus. Man nennt das Larve.

Nach ein bis zwei Monaten entsteht um die Larve herum eine Schutzhülle, die Puppe. In dieser Puppe verwandelt sich die Larve in einen Käfer.

Rot mit sieben Punkten

Hast du dir einen erwachsenen Marienkäfer schon einmal genau angesehen? Du kannst erkennen, dass sein roter Panzer aus zwei Hälften besteht. Darunter sitzen feine Flügel, mit denen der Marienkäfer fliegen kann.

Am bekanntesten ist der Siebenpunkt-Marienkäfer. Er hat einen roten Rücken mit sieben schwarzen Punkten.

WILDKANINCHEN

Länge:	35 bis 50 Zentimeter
Gewicht:	1,2 bis 2,5 Kilogramm
Farbe:	graubraun
Nahrung:	Gräser, Kräuter, Blätter
Lebensraum:	weltweit

Viele Geschwister

Kleine Kaninchen kommen in unterirdischen Höhlen zur Welt. Erst nach 20 Tagen sind sie so groß und selbstständig, dass sie die Höhle verlassen können.

Kaninchen haben viele Geschwister. Die Weibchen können bis zu siebenmal im Jahr Junge bekommen. Meist sind es fünf bis sechs kleine Kaninchen auf einmal.

Geselliges Leben

Auch wenn sie erwachsen geworden sind, sind Kaninchen gesellige Tiere. Gemeinsam graben sie sich eine unterirdische Stadt aus vielen Höhlen und Gängen, in der sie miteinander leben.

Wenn die Wildkaninchen abends in der Dämmerung aus ihren Höhlen kommen, kannst du beobachten, wie sie in großer Anzahl auf einer Wiese eifrig Gräser und Kräuter mümmeln.

SEEADLER

Größe:	75 bis 90 Zentimeter
Gewicht:	3 bis 7 Kilogramm
Farbe:	grau-braun gemustert, Schnabel gelb und Schwanz weiß
Nahrung:	Fische, Wasservögel, zum Beispiel Enten, Aas
Lebensraum:	an großen Gewässern in Europa und im nördlichen Asien

Am Wasser

Seeadler gehören zu den größten Vögeln, die es in Europa gibt. Als Schlafplatz bauen sie sich große Nester auf den Spitzen hoher Bäume.

Diese Nester werden Horste genannt. In den Horsten kommen die jungen Seeadler zur Welt. Sie schlüpfen aus Eiern und müssen etwa zwei Monate von ihren Eltern versorgt werden, bevor sie allein fliegen können.

Die Mauser

Während junge Seeadler groß werden, wechseln sie mehrmals ihr Federkleid. Die kleinen Federn fallen aus und es wachsen größere nach. Diesen Vorgang gibt es bei allen Vögeln. Man nennt ihn Mauser.

Seeadler wechseln während der Mauser auch die Farbe. Die Küken sind noch hell und flauschig. Später haben junge Seeadler dunkelbraune Federn. Die Erwachsenen sind grau-braun gemustert.

Löwe

Länge:	1,4 bis 2,5 Meter (ohne Schwanz)
Gewicht:	125 bis 190 Kilogramm
Farbe:	gelblich bis braungelb
Nahrung:	Antilopen, Zebras, Büffel
Lebensraum:	Afrika südlich der Sahara, Indien

Im Rudel

Löwen leben in Großfamilien. Man nennt diese Rudel. In einem solchen Rudel geht es manchmal ziemlich wild zu. Wenn eine Löwin Junge bekommt, verlässt sie deshalb das Rudel.

Sie sucht sich ein Versteck, wo ihre Babys sicher sind. Erst wenn die kleinen Löwen etwa zwei Monate alt sind, kehrt sie mit ihnen zum Rudel zurück.

Die Mähne der Männchen

Ein Löwenrudel besteht aus vielen Müttern mit ihren Kindern und drei bis vier Männchen.

Männliche Löwen haben einen dichten Haarkranz um den Hals. Den nennt man Mähne. Ein Löwe, der eine besonders lange, dunkle Mähne hat, ist meistens auch besonders stark.

EISBÄR

Länge:	1,9 bis 2,6 Meter
Gewicht:	200 bis 700 Kilogramm
Farbe:	weiß
Nahrung:	Robben, Karibus, Moschusochsen, Lemminge, Fische
Lebensraum:	rund um den Nordpol, Grönland, Nordküste von Kanada, Alaska, Sibirien

In der Schneehöhle

Kannst du dir vorstellen, dass kleine Eisbären in einer Schneehöhle geboren werden? Eisbärmütter graben sich im Herbst eine Höhle, die mit Schnee bedeckt ist. Dort bringen sie dann ihre Jungen zur Welt.

Sie bleiben den ganzen Winter in der Höhle und werden von der Milch ihrer Mutter ernährt. Erst wenn es Frühling wird, machen die Jungen ihren ersten Ausflug.

Auf Robbenjagd

Die Mütter bringen ihren Babys bei, wie man Robben jagt. Robben leben unter Wasser. Aber sie müssen immer wieder an die Oberfläche kommen, um Luft zu holen. An diesen Luftlöchern im Eis warten die Eisbären. Wenn die Robbe auftaucht, schlagen sie mit ihren scharfen Pranken zu.

MEERESSCHILDKRÖTE

Länge:	60 bis 140 Zentimeter
Gewicht:	40 bis 130 Kilogramm
Farbe:	brauner, rotbrauner, grauer bis schwarzer oder olivgrüner Panzer, mit verschiedenen Flecken und Mustern
Nahrung:	Seeschlangen, Krabben, Krebse, Schnecken, Seeigel, Quallen, Korallen, Plankton, Tang
Lebensraum:	tropische und subtropische Meere weltweit

Gedränge vor der Geburt

Schildkrötenbabys schlüpfen aus Eiern. Um diese Eier abzulegen, kommen die Weibchen der Meeresschildkröten fast gleichzeitig an die Strände ihrer eigenen Geburt zurück und legen dort nachts ihre Eier ab. Das ist bestimmt ein ganz schöner Trubel. Direkt danach kehren die Mütter ins Meer zurück und der warme Sand brütet zwei Monate lang die Eier aus.

Vorsicht!

Sind die Jungen aus dem Ei geschlüpft, machen auch sie sich auf den Weg ins Meer, doch der ist sehr gefährlich. Unterwegs warten viele hungrige Tiere wie Vögel und Schlangen. Im Meer angekommen, halten sich Meeresschildkröten den Rest ihres Lebens in warmen Meeren auf. Nur die Weibchen kehren jedes Jahr an die Strände zurück, um ihre Eier abzulegen.

Ziege

Länge:	1 bis 1,8 Meter
Gewicht:	25 bis 150 Kilogramm
Farbe:	Braun- und Grautöne, schwarz, weiß; einfarbig oder gemustert
Nahrung:	Gräser, Kräuter, Blätter
Lebensraum:	weltweit

Große Verwandtschaft

Na klar, das ist ein süßes Zicklein. So nennt man die Jungen von Ziegen. Die Mutter heißt Geiß und der Vater Bock. Ziegen gibt es überall auf der Welt, oft als Haustiere, die in Ställen und auf Wiesen gehalten werden, aber auch wildlebend. Auch die Steinböcke mit ihren großen, beeindruckenden Hörnern gehören zu den Ziegen.

Zwillinge

Die kleinen Zicklein kommen oft als Zwillinge zur Welt. Nach der Geburt im Frühling sind sie ganz schnell munter und aktiv, schon nach 15 Minuten stehen sie auf eigenen Beinen. Obwohl sie zehn Monate lang die Milch der Mutter trinken, beginnen sie schon mit vier Monaten, auch Gras zu fressen.

Die Aufzucht der Jungtiere teilen die älteren Ziegen unter sich auf. In der Herde lernen die Kleinen richtiges Verhalten in verschiedenen Situationen, aber auch zum Spielen und Kuscheln sind die anderen Herdenmitglieder prima.

EICHHÖRNCHEN

Länge:	20 bis 25 Zentimeter (ohne Schwanz)
Gewicht:	200 bis 400 Gramm
Farbe:	meist rotbraun, manchmal auch bräunlich oder schwärzlich, heller Bauch
Nahrung:	Allesfresser
Lebensraum:	Europa, Teile Nordasiens

Blind und nackt im Kobel

Kleine Eichhörnchen sind bei der Geburt nur etwa sechs Zentimeter lang und noch nackt und blind. Es dauert fast einen Monat, bis ihnen ein Fell wächst und sie endlich die Augen öffnen.

In dieser Zeit leben die kleinen Eichhörnchen in einem Kobel. Das ist ein kugelförmiges Nest, hoch oben im Baumwipfel. Dort werden sie von ihrer Mutter gesäugt, bis sie ihr Futter selbst suchen können.

Wichtige Wintervorräte

Eichhörnchen fressen so ziemlich alles, was sie finden: Samen, Zapfen, Nüsse, Obst, Pilze, Eier und sogar Insekten und Würmer.

Weißt du, dass sie einen Teil ihrer Beute vergraben? Wenn im Winter keine Nahrung zu finden ist, graben sie diese Vorräte wieder aus.

GROSSER PANDA

Größe:	120 bis 150 Zentimeter
Gewicht:	75 bis 160 Kilogramm
Farbe:	weiß, mit schwarzen Beinen, Schulterband, Augenringen und Ohren
Nahrung:	Bambus, selten andere Pflanzen, kleine Fische oder Säugetiere, Raupen
Lebensraum:	Wälder in China

Seltener Nachwuchs

Die Großen Pandas leben eigentlich als Einzelgänger. In ihren großen Revieren ziehen sie allein umher und suchen Bambus. Nur alle zwei Jahre und auch nur für wenige Tage im April oder Mai sind die Weibchen bereit, sich mit den Männchen zu treffen und Nachwuchs zu bekommen. Das Pandababy ist rosa, unbehaart und nur 15 Zentimeter groß. Es entwickelt sich langsam und erst 18 Monate später verlässt es seine Mutter.

Hunger

Die Bambusbären, wie die Großen Pandas auch genannt werden, leben hauptsächlich von Bambus. Eigentlich sind sie wie alle Bären Allesfresser, doch nichts lieben sie so sehr wie diese Pflanze. Mehr als zwölf Stunden pro Tag sind die kuscheligen Bären damit beschäftigt, Bambussprossen zu futtern, immerhin bis zu 25 Kilogramm täglich.

WILDSCHWEIN

Länge:	1,3 bis 1,8 Meter
Gewicht:	50 bis 200 Kilogramm
Farbe:	graubraun, manchmal gefleckt
Nahrung:	Eicheln, Bucheckern, Wurzeln, Obst, Pilze, Kräuter, Kleintiere
Lebensraum:	Europa, Asien

Gestreifte Frischlinge

Weißt du, warum kleine Wildschweine so lustige Streifen haben? Damit sind sie im niedrigen Gebüsch besonders gut getarnt.

Später bekommen sie dann ein graubraunes, borstiges Fell, wie die erwachsenen Tiere auch. Kleine Wildschweine haben auch einen besonderen Namen: Man nennt sie Frischlinge.

Immer rechtzeitig ausweichen!

Du darfst niemals nahe an eine Wildschweinmutter mit ihren Jungen herangehen. Denn wenn die Mutter glaubt, dass du ihre Jungen bedrohst, greift sie dich vielleicht an.

Das ist sehr gefährlich, weil Wildschweine sehr stark sind und scharfe Eckzähne haben.

Ziegensittich

Größe:	27 bis 30 Zentimeter
Gewicht:	etwa 60 Gramm
Farbe:	grün mit bunten Flecken, manchmal auch gelb, rote Stirnhaube
Nahrung:	Knospen, Wurzeln, Knollen, Blüten, Obst, Samen, Blätter, Insekten
Lebensraum:	Australien, Neuseeland und umliegende Inseln

Wie eine Ziege

Der Ziegensittich ist eine kleine Papageienart. Seinen Namen hat er bekommen, weil er wie eine Ziege meckern kann. Wie die meisten Papageien haben auch Ziegensittiche leuchtend bunte Federn.

Die Jungen aber sind beim Schlüpfen erst einmal mit einem weißen Flaum bedeckt, der später grau wird. Erst mit etwa fünf Wochen wachsen ihnen farbige Federn.

Neugierige Entdecker

In ihrer Heimat leben Ziegensittiche vor allem im Wald. Dort sind sie mit ihren grünen Federn gut getarnt.

Manchmal werden Ziegensittiche im Käfig gehalten. Sie brauchen aber einen großen Käfig und viele Dinge zum Spielen, weil sie sich viel bewegen und sehr neugierig sind. Vor allem darf man sie nie allein halten, damit sie sich nicht langweilen.

SÜDLICHER BRILLENLANGUR

Größe:	40 bis 61 Zentimeter (ohne Schwanz)
Gewicht:	bis zu 9 Kilogramm
Farbe:	schwarz, grau oder bräunlich, um Augen weiße Ringe und auf Oberlippe weißer Streifen, Jungtiere leuchtend orange oder gelb
Nahrung:	Blätter, Früchte, Samen und Blüten
Lebensraum:	Wälder auf der malaiischen Halbinsel, in Birma und Thailand

Kindergarten

Wie bei den meisten Primaten wird der Nachwuchs der Südlichen Brillenlanguren von den Müttern liebevoll gehegt und gepflegt. Dabei haben diese einiges zu tun, denn die Affenbabys sind schon kurz nach der Geburt ganz schön aktiv.

Da die Brillenlanguren sehr gesellig und sozial sind, tollen die Affenbabys viel miteinander herum und lernen die gegenseitige Fellpflege, die für Frieden in der Affengruppe sorgt. Um sich zu verständigen, nutzen die Brillenlanguren auch eine Reihe von Geräuschen, wie Pfeifen und Quietschen.

Höhenflug

Die Brillenlanguren mögen es luftig. Sie leben auf Bäumen in Höhen von etwa 30 Metern und mehr. Wollen sie den Baum wechseln, klettern sie aber nicht an einem hinunter und an einem anderen wieder hinauf. Sie springen einfach von Baum zu Baum. Dafür brauchen sie kräftige Hände und Füße. Ihren langen Schwanz benutzen sie zum Balancieren, nicht zum Greifen.

SCHNEE-EULE

Größe:	55 bis 66 Zentimeter
Gewicht:	1,5 bis 2,5 Kilogramm
Farbe:	weiß, Weibchen mit dunklen Flecken und Mustern
Nahrung:	Kleintiere, vor allem Lemminge und Mäuse
Lebensraum:	Nordeuropa, Nordamerika, Nordasien

Schnee im Sommer

Schnee-Eulen leben in der Tundra. Das sind Landschaften hoch im Norden, wo es nur Sträucher und Gras gibt. Dort liegt oft auch im Sommer Schnee.

Die Schnee-Eulen-Mutter muss deshalb schneefreie Orte suchen, wo sie ihr Nest bauen und Eier legen kann. Die kleinen Schnee-Eulen verlassen im Alter von etwa sechs oder sieben Wochen das Nest.

Jagd auf Lemminge

Junge Schnee-Eulen sind grau. Aber während sie erwachsen werden, wird ihr Federkleid immer heller, bis sie fast ganz weiß sind. So können sie sich im Schnee gut tarnen. Schnee-Eulen jagen vor allem Lemminge.

Die jungen Schnee-Eulen müssen sehr schnell lernen zu jagen. Denn schon nach sechs Wochen müssen sie ohne ihre Mutter zurechtkommen.

ORANG-UTAN

Größe:	1,2 bis 1,5 Meter
Gewicht:	40 bis 120 Kilogramm
Farbe:	rotbraun
Nahrung:	Früchte, Blätter, Samen
Lebensraum:	Indonesien

Auf Mamas Rücken

Orang-Utans kommen fast nie auf den Boden. Bestimmt hast du schon im Zoo gesehen, wie toll Orang-Utans und andere Affen klettern können.

Die kleinen Orang-Utans müssen das aber erst lernen. Die ersten zwei Jahre ihres Lebens werden sie von ihren Müttern herumgetragen. Um nicht herunterzufallen, klammern sich die Affenbabys im langen Fell ihrer Mütter fest.

Einzelgänger

Wenn sie größer geworden sind, beginnen die kleinen Orang-Utans, selbst die Welt zu erkunden. Am Anfang bleiben sie immer in der Nähe der Mütter. Später tollen sie auch mit anderen Jungtieren herum.

Da Orang-Utans aber nicht in großen Gruppen leben, treffen sie bei ihren Streifzügen nur gelegentlich auf Artgenossen.

AMSEL

Größe:	25 bis 28 Zentimeter
Gewicht:	70 bis 150 Gramm
Farbe:	Männchen schwarz mit gelbem Schnabel, Weibchen graubraun
Nahrung:	Käfer, Würmer, Insekten, Schnecken, Spinnen, Mäuse, Früchte
Lebensraum:	Europa, Nordafrika, Südasien, Australien

Nester an der Hauswand

Kleine Amseln kommen in Nestern zur Welt. Amselmütter bauen ihre Nester gern in Sträuchern im Garten oder an einem geschützten Platz an einer Hauswand.

In das Nest legt das Amselweibchen vier bis fünf Eier. Danach setzt es sich auf die Eier, um sie warm zu halten. Das nennt man brüten. In den Eiern wachsen die kleinen Amseln heran.

Kleine Vögel mit großen Schnäbeln

Amselbabys müssen von ihren Eltern gefüttert werden. Sie haben deshalb riesige Schnäbel, die sie ganz weit aufsperren können.

Nach etwa zwei Wochen sind die Jungen dann groß genug, dass sie das Nest verlassen können. Besonders gut fliegen können sie aber noch nicht.

Giraffe

Größe:	4,5 bis 6 Meter
Gewicht:	800 bis 1600 Kilogramm
Farbe:	beige mit großen, braunen Flecken
Nahrung:	Zweige und Blätter von Akazien und anderen Bäumen
Lebensraum:	Steppen in Afrika

Tiefer Fall

Nach etwa 14 bis 15 Monaten Trächtigkeit bringt eine Giraffenkuh, so nennt man die Weibchen, im Stehen ein einzelnes Junges zur Welt. Da die Mutter sehr groß ist, fällt das Neugeborene zuerst aus zwei Metern Höhe auf die Erde. Schon kurz darauf steht das Junge zum ersten Mal auf und läuft schon nach einigen Stunden herum.

Zum Rest der Herde darf es aber erst nach einigen Wochen. Nach anderthalb Jahren verlässt eine junge Giraffe seine Mutter und sucht sich eine eigene Herde.

K. o.

Treffen zwei männliche Giraffen, die Bullen genannt werden, aufeinander, beginnen sie, miteinander zu kämpfen. Dazu stellen sie sich vor- oder nebeneinander und versuchen, den Rivalen mit ihren Hörnern am Hals zu treffen.

Meist verletzt sich keiner der beiden dabei, manchmal allerdings wird ein Giraffenbulle sogar bewusstlos geschlagen.

KROKODIL

Länge:	1,2 bis 5,2 Meter (mit Schwanz)
Gewicht:	6 bis 240 Kilogramm
Farbe:	schwarz, grau, grün
Nahrung:	Fische, Frösche, Kleintiere
Lebensraum:	Afrika, Mittelamerika, Südasien, Nordaustralien

Ei in der Grube

Hättest du gedacht, dass ein so großes Tier wie ein Krokodil aus einem kleinen Ei schlüpft? Die Krokodilmutter gräbt Gruben in den Sand und legt ihre Eier dort hinein.

Weil Krokodile nur in heißen Gegenden leben, ist es in der Grube warm genug für die Eier. Die Krokodilmutter muss also nicht brüten wie ein Vogel. Es genügt, wenn sie die Eier bewacht.

Auf Mamas Rücken

Auch wenn die Jungen geschlüpft sind, muss die Mutter noch gut auf sie aufpassen. Große Krokodile sind durch ihren harten Panzer und ihre gefährlichen Zähne geschützt.

Die Krokodilbabys aber sind noch weich und wehrlos. Zum Schlafen krabbeln sie deshalb auf den Rücken ihrer Mutter. Dort kann ihnen kein anderes Tier etwas tun.

PFERD

Größe:	40 bis 180 Zentimeter (Schulterhöhe)
Gewicht:	90 bis 1200 Kilogramm
Farbe:	schwarz, braun, rotbraun, falb, creme bis golden, weiß; einfarbig, gepunktet oder gescheckt
Nahrung:	frisches Gras, Obst und Gemüse, Getreide, Heu, Stroh
Lebensraum:	ursprünglich Steppen in Asien, heute überall

Bunte Mischung

Du hast bestimmt schnell erkannt, dass das ein Fohlen ist, das Junge eines Pferdes. Pferde gibt es in ganz vielen verschiedenen Formen. Die kleinen Pferde nennt man Ponys – sie sind nicht größer als 148 Zentimeter. Alle Pferde, die größer sind, nennt man Großpferde.

Pferde können auch ganz unterschiedliche Farben haben, die Begriffe dafür hast du vielleicht schon einmal gehört, zum Beispiel Schimmel, Fuchs oder Schecke.

Wichtige Helfer

Pferde waren vor vielen Tausend Jahren wilde Tiere und lebten so wie die Zebras heute in Steppen und als Herde. Mittlerweile leben die meisten Pferde in Ställen und auf Weiden bei den Menschen. Wir nutzen sie für die Feldarbeit und zum Transport und spannen sie vor Kutschen – das hast du vielleicht selbst schon einmal erlebt.

FLAMINGO

Größe:	90 bis 150 Zentimeter
Gewicht:	2 bis 4 Kilogramm
Farbe:	weiß-rosa
Nahrung:	Plankton
Lebensraum:	in Europa am Mittelmeer, Afrika, Süd- und Mittelamerika, Süd- und Zentralasien

Von Grau zu Rosa

Wunderst du dich, dass das Flamingo-Junge grau ist? Flamingos sind doch rosa! Aber wie viele Vögel wechseln auch Flamingos ihre Farbe, wenn sie erwachsen werden.

Die kleinen Vögel verlieren ihre grauen Federn. Dafür wachsen weiße nach. Die großen Flamingos fressen dann viele kleine, rosafarbene Krebse und bekommen so selbst rosafarbene Federn.

Der Trick mit dem Plankton

Um diese Krebse zu fangen, hängen die Flamingos ihre Schnäbel ins Wasser und schwenken sie. Dabei bleibt das Plankton an den feinen Härchen hängen. Dort können es die Flamingos mit ihrer Zunge ablecken. Schlau, was?

Elefant

Länge:	2 bis 4 Meter
Gewicht:	2000 bis 7500 Kilogramm
Farbe:	grau
Nahrung:	Blätter, Gräser, Früchte, Wurzeln, Rinde, Zweige
Lebensraum:	Südhälfte Afrikas, Südostasien

Auf Wanderschaft

So ein kleiner Elefant ist schon ganz schön groß. Er kann bei seiner Geburt bereits 100 Kilo wiegen. Schon wenige Stunden nach seiner Geburt muss ein kleiner Elefant mit der Herde mitziehen.

Eine Elefantenherde legt jeden Tag etwa zwölf Kilometer zurück. Meist gehen Elefanten langsam. Wenn es aber gefährlich wird, können sie sehr schnell rennen.

In der Herde

Eine Elefantenherde besteht nur aus Weibchen und ihren Jungen. Kleine Elefanten sind mit etwa zwölf Jahren erwachsen.

Dann verlassen die Männchen die Herde und ziehen allein herum. Die Weibchen dagegen bleiben bei der Herde und bekommen selbst Junge.

Pfau

Größe:	1 bis 3 Meter (mit Schwanz)
Gewicht:	2,5 bis 5 Kilogramm
Farbe:	Weibchen graubraun, Männchen blaugrün
Nahrung:	Früchte, Samen, Blüten, Kleintiere
Lebensraum:	ursprünglich Asien

Bunt ist gefährlich

Wunderst du dich, dass ein so prächtiges Tier wie der Pfau als kleines Küken noch graubraun ist und gar nicht besonders aussieht?

Das hat seinen Grund: Große Vögel würden das Küken sofort entdecken und womöglich fressen. Mit ihrem graubraunen Gefieder sind die kleinen Pfaue dagegen im Nest gut getarnt.

Schönheit für die Partnersuche

Die weiblichen Pfaue, die Pfauhennen, bleiben sogar ihr ganzes Leben lang graubraun. Nur die männlichen Pfaue bekommen mit der Zeit ein buntes Federkleid.

Besonders prächtig sehen sie aus, wenn sie ihre langen Schwanzfedern aufstellen und mit ihnen ein Rad schlagen. Damit wollen sie die Weibchen beeindrucken.

Igel

Länge:	22 bis 30 Zentimeter
Gewicht:	350 Gramm bis 1,5 Kilogramm
Farbe:	braun
Nahrung:	Insekten, Würmer, Früchte
Lebensraum:	West- und Mitteleuropa

Stacheln zur Verteidigung

Weißt du, dass kleine Igel schon bei der Geburt Stacheln haben? Aber diese Stacheln sitzen unter der Haut. Sonst würden die Igel ihre Mütter ja verletzen, solange sie in deren Bauch leben.

Nach der Geburt wachsen die Stacheln dann aus der Haut heraus. Wenn Igel sich bedroht fühlen, rollen sie sich ein, sodass überall Stacheln sind. So kann kein anderes Tier sie beißen.

Im Winterschlaf

Igel müssen im Sommer und Herbst sehr viel fressen. Denn im Winter können sie nicht genug Nahrung finden.

Sie graben sich dann zum Beispiel unter einem Blätterhaufen ein und schlafen den ganzen Winter über.

Wenn sie im Frühling aufwachen, sind sie ganz dünn geworden und sehr hungrig.

KÄNGURU

Größe:	31 Zentimeter bis 1,8 Meter
Gewicht:	800 Gramm bis 90 Kilogramm
Farbe:	grau, braun, manchmal Streifen und Muster
Nahrung:	Gras, Blätter, Früchte und Knospen
Lebensraum:	Australien, Tasmanien, Neuguinea

Wie ein Gummibärchen

Das sieht lustig aus, wenn kleine Kängurus aus dem Beutel schauen, was? Ein solches Känguru ist aber schon ziemlich groß. Bei ihrer Geburt sind Kängurus kleiner als ein Gummibärchen.

Sie schaffen es aber trotzdem, in den Beutel der Mutter zu krabbeln. Dort saugen sie sich an einer Milchzitze fest und lassen diese mindestens zwei Monate lang nicht mehr los.

Zuflucht im Beutel

Wenn das kleine Känguru etwa ein halbes Jahr alt ist, verlässt es den Beutel der Mutter. Wenn es draußen Angst bekommt, klettert es aber wieder dorthin zurück. Erst mit ungefähr acht Monaten passt es nicht mehr in den Beutel.

Aber es darf noch eine Weile von der Milch seiner Mutter trinken. Dazu steckt es den Kopf in den Beutel.

SCHAF

Länge:	1,2 bis 1,8 Meter
Gewicht:	75 bis 200 Kilogramm
Farbe:	weiß, schwarz, braun oder gefleckt
Nahrung:	Gras
Lebensraum:	weltweit

Geburt im Frühjahr

Kleine Schafe werden Lämmer genannt, das hast du bestimmt schon einmal gehört. Sie kommen immer im Frühling zur Welt, etwa zur Osterzeit.

Hast du schon gewusst, dass die meisten Schafe Zwillinge sind? Nur ganz selten bringt eine Schafmutter bloß eines oder auch drei Babys zur Welt.

Milch und Wolle

Erwachsenen Schafen wird regelmäßig die Wolle abgeschnitten. Das nennt man Scheren. Aus der Wolle kann man Socken, Pullover und andere warme Kleidung machen. Aber auch die Schafe müssen nicht frieren. Ihre Wolle wächst immer wieder nach.

Wusstest du, dass Schafe wie Kühe gemolken werden können? Aus ihrer Milch kann man Käse und Joghurt machen.

GELBBAUCHUNKE

Größe:	3,5 bis 5,5 Zentimeter
Gewicht:	etwa 6 Gramm
Farbe:	braungrauer Rücken, gelb-schwarz gefleckter Bauch
Nahrung:	Insekten
Lebensraum:	Mittel- und Südosteuropa

Von der Kaulquappe zur Unke

Unkenmütter legen ihre Eier unter Wasser und kleben sie dort an Wasserpflanzen fest. Wenn die kleinen Unken aus dem Ei schlüpfen, müssen sie also gleich schwimmen.

Deshalb sehen sie erst einmal ein bisschen wie Fische aus. Man nennt solche Babys Kaulquappen. Wenn sie wachsen, bekommen sie Beine und einen dicken Kopf, bis sie wie richtige Unken aussehen.

Im Wasser und an Land

Die Gelbbauchunke hat ihren Namen von den leuchtend gelben Flecken an ihrem Bauch. Da sie sehr klein ist, kann sie in Tümpeln, Wassergräben oder sogar Pfützen leben.

Wenn eine Pfütze austrocknet, springt die Unke einfach zur nächsten. Schließlich können Unken sowohl im Wasser als auch an Land leben.

NASHORN

Länge:	2,5 bis 4 Meter
Gewicht:	500 bis 3500 Kilogramm
Farbe:	grau oder graubraun
Nahrung:	Früchte, Äste, Blätter, Knospen
Lebensraum:	Afrika (südlich der Sahara), Indonesien, Indien, Nepal

Früh unterwegs

Kannst du dir vorstellen, dass ein so großes Tier wie ein Nashorn nur von Obst und Blättern lebt?

Damit Nashörner davon satt werden, müssen sie viel fressen. Um aber genug zu fressen zu finden, ziehen sie viel herum. Deshalb können kleine Nashörner schon etwa eine Stunde nach ihrer Geburt laufen.

Schwer und schnell

Mit der Zeit wachsen den kleinen Nashörnern je nach Art ein oder zwei Hörner.

Eigentlich sind Nashörner scheue Tiere. Nur wenn sie sich bedroht fühlen, greifen sie an. Das ist sehr gefährlich, weil sie so schwer und schnell sind.

Diese Tiere haben ihre Eltern gefunden

Bildnachweis

dpa Picture-Alliance, Frankfurt: picture alliance/WILDLIFE 3, 6 o., 79 u., 6 u.l., 6 u.r., 29, 35, 52 u.r.; picture alliance/dpa 7, 15, 31, 32 u.l., 51, 68 u.l., 77; picture alliance/Image Source 9; picture alliance/Arco Images GmbH 14 u.l., 48 u.r.; picture-alliance/OKAPIA KG, Germany 30 u.l.; picture alliance/ZUMAPRESS.com 41; picture alliance/Robert Harding World Imagery 53; picture-alliance/© Evolve/Photoshot 60 u.r.; picture alliance/Mary Evans Picture Library 64 u.r.; picture alliance/Augenklick/Rauchensteiner 65; picture-alliance/dpa/dpaweb 68 u.r.

www.fotolia.de: Silver 5; emer 11; Marty Kropp 14 o.; Graham Taylor 14 u.r.; jurra8 18 u.l.; Leo Wyden 19; Eric Isselée 20 o., 46 o., 70 o., 78 o., 80 o.r.; Omika 22 u.l.; Alexander von Düren 26 u.l.; Stoney79 27; chameleonic 42 u.l.; TwilightArtPictures 46 u.l.; Stephane Lange 55; jamenpercy 58 u.r.; Taalvi 66 o.; Carola Schubbel 67; Joachim Neumann 69; gallas 73

www.shutterstock.com: Eric Isselee 4 o., 23, 24 o., 34 o., 36 o., 42 o., 72 o., 76 o.; Heiko Richter 4 u.l.; Francois van Heerden 4 u.r.; MCarter 8 o.; wim claes 8 u.r.; Tsekhmister 10 u.; aleksandr hunta 10 u.; MarkMirror 12 o.; Eduard Kyslynskyy 13; Bildagentur Zoonar GmbH 16 o.; Ralph Loesche 16 u.l.; Adwo 16 u.r.; bluedogroom 17; Cynthia Kidwell 20 u.l.; glenda 20 u.r.; melis 21; Africa Studio 22 o.; Targn Pleiades 22 u.r.; worldswildlifewonders 24 u.l., 54 u.r.; Andywak 24 u.r.; outdoorsman 25; Maxim Kulko 26 o.; A.von Dueren 26 u.r.; Dionisvera 28 o.; nawrocki 32 o., 79 o.; Andrew Astbury 32 u.r.; Anan Kaewkhammul 33; KA Photography KEVM111 34 u.l.; Stuart G Porter 34 u.r.; Christopher Wood 36 u.l.; Sergey Uryadnikov 36 u.r.; Rich Carey 38 o.; HurleySB 38 u.l.; Mighty Sequoia Studio 39; Hung Chung Chih 43, 44 u.r.; Radka Palenikova 45; Neil Burton 46 u.r.; Marina Jay 47, 48 o.; Vladislav T. Jirousek 50 o., 80 o.l.; Eric Gevaert 54 u.l.; Micha Klootwijk 56 u.l.; Bernd Juergens 56 u.r.; Mogens Trolle 57; Joe McDonald 58 u.l.; Rufous 59; Willie Davis 60 u.l.; tratong 63; Alexander Erdbeer 70 u.l.; B.Stefanov 70 u.r.; K.A.Willis 71, 72 u.r.; Kjuuurs 72 u.l.; Erik Lam 74 o.; Baronb 74 u.l.; Matej Ziak 75; Piotr Krzeslak 76 u.r.; Karel Gallas 78 u.l.

www.123rf.com: Anatolii Tsekhmister 10 o.; Eric Isselee 18 o., 30 o., 40 o., 44 o., 52 o., 54 o., 62 o., 68 o.; Cathy Keifer 18 u.r.; Paul Grecaud 28 u.l.; Lin Yan 28 u.r.; Anthony Totah 37; Olga Khoroshunova 38 u.r.; Alejandro Moreno De Carlos 40 u.l.; Olena Afanasova 40 u.r.; Wang Xiaomin 44 u.l.; Bidouze StÃƒÂ©phane 49; donyanedomam 50 u.l., 50 u.r.; newage 58 o.; taiftin 60 o.; Veronika Petrova 61; Zuzana Buránová 62 u.l.; Tomas Hajek 62 u.r.; James Steidl 64 o., 80 u.; Duncan Noakes 66 u.l.; Kitch Bain 66 u.r.; Brad Thompson 78 u.r.

Sonstige: Urheber: Politikaner, Lizenz: cc-by-sa 8; Urheber: Hamon JP, Lizenz: cc-by-sa 12 u.l; Urheber: Dominik Stodulski, Lizenz: cc-by-sa 12 u.r.; Urheber: JJ Harrison, Lizenz: cc-by-sa 30 u.r.; Urheber: 4028mdk09, Lizenz: cc-by-sa 42 u.r.; Urheber: Sid Mosdell, Lizenz: cc-by-sa 48 u.l.; Urheber: Bert de Tilly, Lizenz: cc-by-sa 52 u.l.; Urheber: Romate, Lizenz: cc-by-sa 56 o.; Urheber: Aaron Logan, Lizenz: cc-by-sa 64 u.l.; Urheber: Keven Law, Lizenz: cc-by-sa 74 u.r.; Urheber: Waugsberg, Lizenz: cc-by-sa 76 u.l.